MAGNIFIQUES TAPISSERIES

Meubles anciens, Objets d'Art

Provenant de la Succession de Mme la Comtesse d'ARGY

échus à Mmes les comtesses de F... et de L...

Ses héritières sous bénéfice d'inventaire

ET AUTRES APPARTENANT A M. LE COMTE D'A...

VENTE VOLONTAIRE

BEAU MOBILIER

STYLES XVIII° SIÈCLE

TABLEAUX

Bronzes, Émaux de Limoges, Curiosités

EXPOSITION PUBLIQUE : le Mardi 29 Janvier 1889

A DEUX HEURES

M° PAUL AULARD	M. A. BLOCHE
COMMISSAIRE-PRISEUR	EXPERT
6, rue Saint-Marc, 6.	25, rue de Châteaudun, 25.

CATALOGUE

DES

MAGNIFIQUES TAPISSERIES

DU TEMPS DE LOUIS XV

La Cour du Grand Mogol — Dupleix à Pondichéry

Régulateur orné de bronzes, Consoles, Sièges anciens
Porcelaines de Sèvres, à la Reine et de Saxe
Faïences de Delft

Provenant de la Succession de Mme la Comtesse d'Argy

Échus à Mmes les Comtesses de F... et de L...
Ses héritières sous bénéfice d'inventaire
Et autres objets appartenant à M. le Comte d'A...

BEAU MOBILIER

STYLES LOUIS XIV, LOUIS XV ET LOUIS XVI

BRONZES D'ART ET D'AMEUBLEMENT

XVIIIe SIÈCLE

Tentures — Tapis — Rideaux — Étoffes brodées

TABLEAUX ANCIENS ET MODERNES

Miniatures — Gouaches — Pastels — Gravures
Émaux de Limoges

DONT LA VENTE VOLONTAIRE AURA LIEU

HOTEL DROUOT, SALLE N° 1

Les Mercredi 30 et Jeudi 31 Janvier 1889

A DEUX HEURES

Par le Ministère de **Me PAUL AULARD**, commissaire-priseur
6, rue Saint-Marc, 6

Assisté de **M. A. BLOCHE**, expert
25, rue de Châteaudun, 25

Chez lesquels se trouve le présent Catalogue

EXPOSITION PUBLIQUE

Le Mardi 29 Janvier 1889, de 2 h. à 6 h.

CONDITIONS DE LA VENTE

Elle sera faite au comptant.

Les adjudicataires payeront *cinq pour cent* en sus des enchères.

L'Exposition mettant le public à même de se rendre compte de l'état des objets, il ne sera admis aucune réclamation une fois l'adjudication prononcée.

Paris. — Imp. de l'Art, E. Ménard et Cⁱᵉ, 41, rue de la Victoire.

Désignation des Objets

OBJETS PROVENANT DE LA SUCCESSION

DE

Mme LA COMTESSE D'ARGY

Échus à Mmes les Comtesses de F... et de L...

TAPISSERIE

1 — Magnifique tapisserie, époque Louis XV, représentant Dupleix à Pondichéry. Très importante composition de nombreuses figures, avec vue de la mer animée de bateaux.

OBJETS D'AMEUBLEMENT

2 — Belle console en bois sculpté, ornée de mascaron sur le devant, pieds à grands enroulements, avec dessus en marbre mosaïque d'Orient. Louis XIV.

3 — Belle table-console en bois sculpté, avec dessus en marbre d'Égypte. Louis XIV.

4 — Beau régulateur Louis XV, en bois rose et marqueterie de bois à fleurs, orné de bronzes dorés, à rocailles fleuronnées. Cadran signé : *Jean Biesta, à Paris*.

PORCELAINES ET FAIENCES

5 — Sept assiettes en vieux Sèvres, pâte tendre, décor dit *feuille de chou*, à bouquets de fleurs et rehauts d'or.

6 — Plat en vieux Saxe gaufré, décor oiseaux et fleurs.

7 — Autre plat analogue.

8 — Sept assiettes, ancienne porcelaine à la Reine, décors variés à rehauts d'or.

9 — Trois assiettes en vieux Sèvres, bords gaufrés, décor à bouquets détachés.

10 — Autre assiette analogue.

11 — Bol en vieux Japon, décor polychrome.

12 — Dix assiettes en vieux Chine et Japon, décors polychrome et variés.

13-14 — Deux sucriers avec plateaux adhérents en vieux Sèvres, pâte tendre, décor à bouquets de fleurs détachés, bordure bleue et or.

15 — Bouillon en vieux Paris, décor à guirlandes dorées et fleurs.

16 — Petite théière en vieux Japon, à fleurs polychromes.

17 — Quatre tasses et soucoupes de Chine à fleurs.

18 — Soucoupe à la Reine, décor rehauts d'or.

OBJETS APPARTENANT A M. LE COMTE D'A...

TAPISSERIES

19 — Très belle tapisserie, époque Louis XV, représentant la Cour du Grand Mogol. Charmante composition de nombreux personnages groupés dans un souriant paysage au bord de la mer, avec bordure sur deux côtés. (Cette tapisserie fait partie de la même suite que celle cataloguée sous le n° 1.)

20 — Grande tapisserie ancienne, à personnages.

21 — Deux morceaux de tapisserie ancienne.

22 — Deux dessus de sièges en tapisserie au petit point, à personnages.

PORCELAINES, FAIENCES

23 — Compotier en vieux Sèvres, décor dit *feuille de chou.*

24 — Cinq assiettes en vieux Sèvres, pâte tendre, décor à bouquets détachés, bordure dite *feuille*

de chou, semblables à celles cataloguées sous le n° 5.

25 — Deux assiettes en ancienne porcelaine à la Reine, décor à rehauts d'or, semblables au n° 8.

26 — Cinq compotiers en vieux Delft polychrome.

MEUBLES

27 — Deux fauteuils de l'époque Louis XVI, couverts de tapisseries à fleurs, encadrées d'ornements.

28 — Deux fauteuils Louis XVI, en bois laqué blanc, couverts de soierie ancienne brochée fond gris à petits dessins.

29 — Deux chaises de l'époque Louis XIV, en bois sculpté, dessin coquilles et branchages, couvertes de brocatelle verte.

30 — Dessus de console en marbre brèche d'Alep ancien.

31 — Commode ancienne avec poignées et entrées de serrures en cuivre.

32 — Bureau en marqueterie Louis XIII.

VENTE VOLONTAIRE

ANTICHAMBRE

33 — Armoire normande en chêne sculpté.

34-35 — Deux bahuts anciens en bois sculpté.

36 — Coffre à bois ancien, recouvert en étoffe verdure.

37 — Lanterne d'antichambre en fer forgé.

38 — Armure avec masque japonais.

39 — Deux grands fauteuils en bois sculpté, à personnages. Époque gothique.

40 — Grande table en noyer ciré.

41 — Grand divan à coussins, recouvert en étoffe bleue.

42 — Quatre portières, tapisseries anciennes, encadrées de panne.

43 — Panneau en tapisserie, époque Louis XV, à personnages, avec encadrement de panne, formant portière.

44 — Deux fauteuils de style Empire, recouverts en maroquin.

GRAND SALON

45 — Très bel ameublement, composé d'un canapé, deux fauteuils et quatre chaises en noyer sculpté et ciré, rehaussé d'or, de style Louis XIV, recouvert en broderie et application, représentant des feuillages et des ornements sur fond dauphine vert mousse.

46 — Deux décorations de fenêtres avec bandeaux et bordures en broderie, application sur peluche caroubier.

47 — Deux autres décorations en broderie, application sur dauphine vert mousse.

48 — Grand meuble d'appui, en marqueterie de cuivre, sur bois noir avec côtés cintrés et richement orné de bronzes dorés, inspiré de Boulle. Style Louis XIV.

49 — Deux gaines en marbre de couleur, avec appliques en bronze doré.

50 -- Quatre chaises légères en bambou doré, recouvertes en étoffe de soie.

51 — Carpette en moquette française, encadrée de broderie.

52 — Quatre appliques en bronze doré, ornées de cristaux.

53 — Joli dos de piano en broderie ancienne, sur peluche.

54 à 60 — Plusieurs tapis de tables et dessus de piano en broderies sur satin, avec encadrement de peluche.

61 — Piano à queue d'Érard.

62 — Dessus de piano en broderie sur satin.

63 — Jolie pendule Louis XIV, forme dite *violon*, en marqueterie de cuivre et d'écaille de l'Inde, richement ornée de bronzes dorés, pieds à cariatides de faunes et coquilles, figure allégorique et lambrequin sur le devant, cadran en cuivre ouvré, couronnée par une statuette d'Amour.

64 — Très beau vase en ancienne porcelaine du Japon, riche décor : arabesques de fleurs et lambrequins en polychrome, rehaussé d'or.

65 — Paire de jolis candélabres, formés de vases en vieux Chine, décorés de paysages et d'oiseaux en bleu et or, montures en bronze doré avec bouquets de lis à deux lumières.

66 — Lustre à six lumières, en cuivre poli, modèle à rinceaux avec lampe juive en dessous. Style XVIe siècle.

67 — Râtelier en laque fine du Japon, fond noir à rehauts d'or, décor d'oiseaux.

68 — Deux statuettes bronze : *Amours au bilbo-quet*. Style Louis XVI.

69 — Deux très beaux vases en granit rose oriental, montés en bronze doré à feuillages et enroule-ments. Style Louis XVI.

70 — Statuette en bronze : *la Source* de Falguières.

71 — Grand cheval en bronze vert, de Barye.

72 — Petit groupe en bronze : *Flore et Amour*.

73 — Deux statuettes bronze : *Soldats* du premier Empire, sur socles en marbre.

74 — Petit buste de Voltaire en bronze, sur socle en marbre rouge.

75 — Miniature en ivoire : Portrait de femme.

76 — Petite miniature : Portrait du Roi de Rome.

77 — Trois sujets allégoriques, décor à rehauts d'or en réserve sur verre. xviiie siècle.

78-79 — Deux jolies gouaches rectangulaires, représentant des villes au bord de fleuves, animées d'une multitude de personnages et de bateaux, attribuées à Savignac.

80 à 83 — Quatre grandes miniatures anciennes, sur vélin, sujets mythologiques : Nymphes, dieux, déesses et Amours dans des paysages. Époque Louis XIV. Signées du monogramme W. P.

84 — Grande et belle miniature ronde : *la Petite Bergère au milieu de ses moutons*, attribuée à Huet.

DEUXIÈME SALON

85 — Joli ameublement, composé d'un canapé, quatre fauteuils et quatre chaises en bois noir sculpté, rehaussé d'or, style Louis XVI, recouvert en lampas de soie, dessins à fleurs et ornements sur fond cramoisi.

86 — Deux décorations de fenêtres en lampas de

soie, pareil aux siéges, avec draperies et chutes en peluche de soie cramoisie.

87 — Quatre chaises légères, bois doré, recouvertes en lampas de soie fond bleu.

88 — Deux meubles d'appui, en marqueterie genre Boulle, sur bois noir, ornés de bronzes.

89 — Deux colonnes en marbre, avec appliques en bronze doré.

90 — Petit canapé en noyer sculpté, époque Louis XVI, recouvert en lampas ancien, lamé or.

91 — Table noire à filets de cuivre, avec appliques bronze.

92 à 97 — Nombreux coussins, brodés sur peluche et sur satin.

98 — Carpette en moquette française, encadrée de bordure.

99 — Statuette équestre en bronze : *Louis XIV à cheval*, sur socle en marbre jaune de Sienne.

100 — Secrétaire en bois rose et marqueterie, orné de cuivre. Époque Louis XVI.

101 — Statuette de satyre couché, sculpture ancienne sur marbre.

102 — Statuette d'enfant en marbre. Travail ancien.

103 — Jolie garniture de cheminée en bronze doré Louis XVI : Pendule à sujet mythologique et deux candélabres à figures d'enfants.

104 — Groupe en bois sculpté, représentant la Vierge, l'Enfant Jésus et saint Jean.

SALLE A MANGER

105 — Mobilier de salle à manger, composé d'un buffet à deux corps, formant crédence, en chêne sculpté, à colonnes torses, le corps du haut s'ouvrant à deux portes vitrées ; un dressoir même modèle ; une table ronde en chêne sculpté, avec trois allonges, et six chaises en chêne sculpté, à hauts dossiers, recouvertes en cuir.

106 — Deux grands fauteuils confortables, en maroquin havane.

107 — Fauteuil en noyer ciré, dit caqueteuse, avec coussin en soierie ancienne.

108 — Suspension à neuf lumières, en cuivre poli,
avec sa lampe.

109 — Éventail-pare-étincelles en bronze.

OFFICE

110 — Buffet-étagère en pitchpin.

111 — Table carrée en pitchpin.

112 — Pendule borne en marbre noir, et **deux**
coupes.

CHAMBRE A COUCHER

113 — Très bel ameublement, composé de deux lits
jumeaux, de style Louis XVI, à colonnes détachées, avec panneaux décorés genre vernis Martin, à personnages, et leur literie complète. —
Armoire forme dite *normande* et ancienne, s'ouvrant à deux portes, décorée genre vernis Martin,
à personnages.

114 — Belles tentures pour les lits et deux fenêtres
en satin fond caroubier ; intérieur du lit avec
baldaquin entouré de draperies, embrasses et
garnitures assorties.

115 — Fauteuil laqué, style Louis XV, recouvert en
soierie, dessin à personnage en grisaille.

116 — Pendule en bronze doré, de style Empire, avec
sujet en bronze patine brune : Apollon.

117 — Groupe de bacchante et petit faune, d'après
Clodion.

118 — Jolie statuette de nymphe debout, attribuée à
Marin.

119 — Statuette de paysan italien en terre cuite.

120-121 — Deux belles colonnettes en marbre, mon-
tées en bronze, ornées de chapiteaux.

122 à 124 — Trois portraits des Poniatowski, rois de
Pologne, en ancienne porcelaine de Furstenberg,
représentés en haut-relief et en costumes de cour,
avec encadrements à rocailles rehaussés d'or.

125 — Jolie assiette en émail de Limoges, représentant *Procris et Céphale*, bordure à ornements.
XVIIe siècle.

126 — Jolie petite coupe en émail de Limoges, à
bords lobés, fond blanc, dessin fleurs et oiseaux;
offrant, au centre, un Bacchus la coupe en main,
assis sur un tonneau ; au revers, un paysage,

des oiseaux et des arabesques lobées, en couleur et or sur fond noir. xviie siècle.

127 — Coupe en émail de Limoges, offrant, au centre, une scène biblique en grisaille ; autour, des fleurs et feuillages en couleur sur fond blanc ; au revers, un paysage, des fleurs et arabesques en couleur et or sur fond noir. xviie siècle.

128 — Petit plat rond, en faïence hispano-arabe, décor à reflets métalliques. xvie siècle.

129 — Joli plat ovale, de Bernard Palissy, représentant Henri IV et la famille royale.

130 — Plat ovale, de Bernard Palissy, représentant le Baptême.

131 — Plat ovale, de la suite de Bernard Palissy, décor à poissons et reptiles.

132 — Très beau baiser de paix ou tableau gréco-russe, monté en argent repoussé et enrichi de perles fines.

DEUXIÈME CHAMBRE A COUCHER

133-134 — Deux lits jumeaux en acajou, de style Louis XVI, à colonnes détachées, et leur literie complète.

135 — Armoire en acajou, à trois portes, avec penderies de chaque côté ; le milieu est divisé en compartiments à coulisses système anglais ; la porte centrale est ornée d'une glace.

136 — Table de nuit droite en acajou sculpté.

137 — Tentures pour lits et une fenêtre en étoffe de fantaisie, fond vieil or et dessins multicolores, avec baldaquins entourés de draperies.

138 — Confortable en acajou sculpté, recouvert en maroquin capitonné.

139 — Chauffeuse en acajou sculpté, recouverte en maroquin capitonné.

140 — Bibliothèque en acajou, à filets de cuivre, s'ouvrant à deux portes.

141 — Commode à trois tiroirs en acajou, à filets de cuivre, dessus en marbre.

142 — Chiffonnier-secrétaire en acajou, à filets de cuivre.

143 — Jardinière en marqueterie de bois, ornée de bronzes.

144 — Vitrine en acajou, ornée de filets de cuivre.

145 — Pendule en bronze doré, avec sujet allégorique. Époque Empire.

146 — Deux vases en porcelaine à la Reine, décor à
rinceaux et ornements, relevés d'or.

TROISIÈME CHAMBRE A COUCHER

147 — Lit de milieu, en chêne sculpté, avec baldaquin supporté par deux colonnes, travail breton,
avec sa literie complète.

148 — Armoire à glace, en chêne sculpté, avec fron-
ton.

149 — Commode, même travail que l'armoire.

150 — Fauteuil confortable, en noyer ciré, recouvert
en velours vert.

151 — Fumeuse recouverte en tapisserie à la main.

152 — Pendule en marbre, avec motif et sujet en
bronze, patine brune, style Empire : Fénelon.

153 — Quatre chaises laquées or et blanc, dossier à
crosse, de style Empire, recouvertes en drap
rouge.

BUREAU

154 — Bureau ministre, à deux places, en chêne noirci.

155 — Bibliothèque en bois noir, s'ouvrant à deux portes.

156 — Divan avec trois coussins, recouvert en étoffe bleue avec bandes de velours noir.

157 — Deux chaises, même travail.

158 — Lustre hollandais en cuivre poli, à douze lumières.

159 à 170 — Nombreux bibelots d'étagère et de vitrine, vases et jardinières en barbotine. (Sera divisé.)

MEUBLES ET OBJETS DIVERS

171 — Billard avec blouses en bronze, et accessoires.

172 — Canapé et quatre fauteuils de l'Empire. Signés Jacob.

173 — Grande table de salle à manger, en chêne.

174 — Quatre chaises à hauts dossiers, en chêne sculpté et bois noir, couvertes en cuir.

175 — Petit buffet à étagères, en chêne et bois noir.

176 — Objets d'ameublement non catalogués.

TABLEAUX

ABBÉMA

(Mlle LOUISE)

177 — *Dans les ajoncs.*

Joli tableau.

ABBÉMA

(Mlle LOUISE)

178 — *Le Lunch.*

Charmant pastel.

BOUCHER

(Genre de)

179 à 182 — *Les Saisons.*

Quatre têtes de femmes, suite de pastels ovales.

BOURDON

(Attribué à SÉBASTIEN)

183 — *La Vierge et l'Enfant Jésus.*

CARRIER-BELLEUSE

(LOUIS)

181 — *Le Pot de terre et le Pot de fer.*

Joli tableau.

CARRIER-BELLEUSE

(LOUIS)

185 — *Nature morte.*

CARRIER-BELLEUSE

(LOUIS)

186 — *Marine.*

DAUBIGNY

187 — *Pleine mer.*

Esquisse importante, bel effet de soleil couchant. Provient de la vente après décès du maître.

DELAPORTE

(ROLAND)

188 — *Portrait d'un magistrat.*

FOSSOYEUX

189 à 192 — *Les Saisons.*

Suite de quatre tableaux allégoriques. Cadres du temps.

FOSSOYEUX

193 — *La Sainte Famille.*

Cadre bois sculpté.

GOUPIL

(LÉON)

194 — *Tête de jeune femme, en costume du XVe siècle.*

Charmant tableau.

JEAURAT

195 — *Élégie. Jeune femme déclamant.*

NATTIER

(D'après)

196 — *Beau portrait de Mlle Victoire, fille du roi Louis XV.*

Pastel, avec cadre bois sculpté.

PELOUZE

197 — *Charmant paysage.*

Signé.

POUSSIN
(Attribué au)

198 — *Paysage d'Italie, animé de personnages et d'animaux.*

Joli tableau.

POUSSIN
(École du)

199 — *Paysage.*

200 — *Scène religieuse.*

RUBENS
(École de)

201 — *Tête de femme.*

202 — *Portrait.*

SVOBODA

203 — *Paysage montagneux.*

WAHLBERG

204 — *Beau paysage.*

Signé.

WATTEAU DE LILLE

205 — *La Déclaration.*

206 — *Je serai discret.*

Deux charmants tableaux. Cadres du temps.

WOUWERMANS
(PIERRE)

207 — *Le Bivouac.* —

WOUVERMANS
(PIERRE)

208 — *La Halte.*

Composition de nombreux personnages et cavaliers.

YVON

209 — *Bords de rivière.*

ÉCOLE DU XVIIᵉ SIÈCLE

210 — *La Vierge aux chérubins.* —

Miniature sur vélin.

ÉCOLE ANCIENNE

211 — *Les Deux Jumelles.*

212 — *Sujets allégoriques.*
Deux pendants, sur cuivre.

ÉCOLE FRANÇAISE DU XVIIIᵉ SIÈCLE

213 — *Diane au bain.*

214 — *Portrait de femme.*

215 — *Marines.*
Deux pendants.

216 — *Jeune Femme assise sur un char.*

217 — *Portrait de jeune femme, avec blason.*

ÉCOLE ANCIENNE

218 — *Moine.*

ÉCOLE ITALIENNE

219 — *La Vierge et l'Enfant Jésus.*

ÉCOLE VÉNITIENNE

220 — *Portrait de savant.*

ÉCOLE MODERNE

221 — *Vue de Constantinople.* ———

———

222 — Plusieurs gravures et dessins anciens.

223 — Tableaux non catalogués.

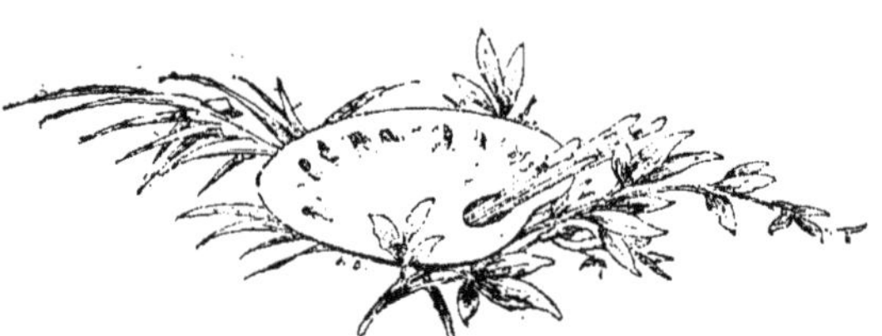

www.ingramcontent.com/pod-product-compliance
Ingram Content Group UK Ltd.
Pitfield, Milton Keynes, MK11 3LW, UK
UKHW031719170726
13836UKWH00001B/357